Dieses Buch gehört

Jenny Boidol ist Illustratorin und überzeugte Papier-Fetischistin. Neben ihrer Liebe zu alten Büchern schenkt sie Papieren und Materialien mit kleinen Macken ein zweites Leben, indem sie Notizhefte und andere Papeterie daraus zaubert. So entstand ihr nachhaltiges Label bär von pappe. Sie lebt in Berlin und braucht immer ein bisschen Chaos und Lakritze um sich herum.

Rebecca Wiltsch lebt in Hamburg und arbeitet als Lektorin. Obwohl »freilich« für sie seit ihrer Kindheit eine normale Vokabel ist, liebt sie die Schiffe, das Meer und den Hafen. Sie hat eine Schwäche für Tiere mit lustigen Nasen, To-do-Listen und Käse und verbringt ihre Freizeit am liebsten auf Konzerten und mit der stetigen Suche nach neuen Wortspielen.

Jenny Boidol & Rebecca Wiltsch

MY BOOK JOURNAL

Seitenweise Glück

CARLSEN

über mich

Name   Geburtstag

In diesem Buch wäre ich gern die Hauptfigur:

Am liebsten lese ich   Lesen bedeutet
an diesem Ort: für mich:
- ☐ Bett
- ☐ Café
- ☐ Park
- ☐ Zug
- ☐ Sessel

∽ Meine Herzensbücher ∽

_____

_____

_____

_____

Von diesen Genres lasse ich meistens die Finger:

So könnte das COVER MEINER Biografie aussehen:

MEINE Lieblingsbuchhandlung:

Adresse: _____
_____
_____

Tel.: _____

DIE SPANNENDSTEN Buchblogs:

1

2

3

DER Online-Shop MEINES VERTRAUENS:

DIE BESTEN Empfehlungen BEKOMME ICH VON:

_____

BUCH
Wunschliste

- [ ] _____
- [ ] _____
- [ ] _____
- [ ] _____
- [ ] _____
- [ ] _____
- [ ] _____
- [ ] _____
- [ ] _____
- [ ] _____
- [ ] _____
- [ ] _____
- [ ] _____
- [ ] _____
- [ ] _____
- [ ] _____
- [ ] _____
- [ ] _____

SUB

STAPEL
ungelesener
BÜCHER

Manchmal stelle ich mir den Himmel so vor, dass man ohne Unterbrechung liest und einem niemals die Lektüre ausgeht.

Virginia Woolf

Buch Steckbriefe

Autor/in

Bewertung

GESCHMÖKERT

VOM

BIS ZUM

TITEL

ERSTER SATZ

INHALT
in 3 Worten

LIEBLINGSFIGUR

So hätte die Geschichte auch ausgehen können:

Ein Buch zum
- ☐ Lachen
- ☐ Weinen
- ☐ Schmachten
- ☐ Gruseln
- ☐ Nachdenken
- ☐ Einschlafen
- ☐ …

NOTIZEN

Autor/in

Bewertung

TITEL

GESCHMÖKERT

VOM

BIS ZUM

INHALT IN 5 ZEILEN

Schönster Schauplatz

Eindrücke:

Das perfekte Buch

☐ ZUM ABTAUCHEN

☐ FÜR DEN URLAUB

☐ GEGEN SCHLECHTE LAUNE

☐ ZUM MITFIEBERN

☐ ...

Darüber möchte ich mehr erfahren:

Letzter Satz

_____
_____
_____
_____

Autor/in

TITEL

Bewertung

GESCHMÖKERT

VOM

BIS ZUM

Inhalt in einem Satz

Damit hätte ich nicht gerechnet:

Beste Szene

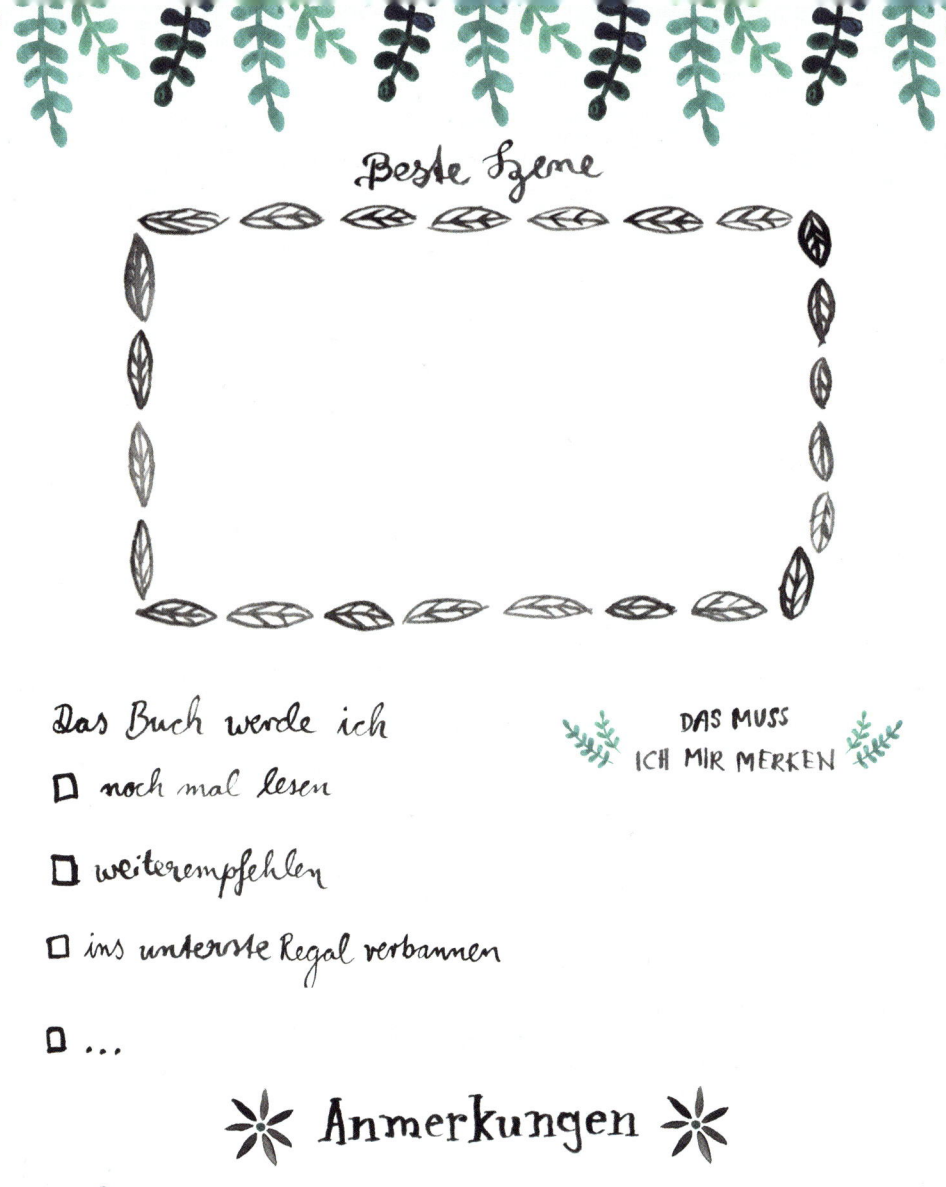

Das Buch werde ich
- ☐ noch mal lesen
- ☐ weiterempfehlen
- ☐ ins unterste Regal verbannen
- ☐ ...

DAS MUSS ICH MIR MERKEN

❋ Anmerkungen ❋

Autor/in

Bewertung

TITEL

GESCHMÖKERT

VOM

BIS ZUM

ERSTER SATZ

INHALT
in 3 Worten

LIEBLINGSFIGUR

So hätte die Geschichte auch ausgehen können:

Ein Buch zum
- ☐ Lachen
- ☐ Weinen
- ☐ Schmachten
- ☐ Gruseln
- ☐ Nachdenken
- ☐ Einschlafen
- ☐ ...

NOTIZEN

Autor/in

Bewertung

TITEL

GESCHMÖKERT

VOM

BIS ZUM

INHALT IN 5 ZEILEN

Schönster Schauplatz

Eindrücke:

Das perfekte Buch

☐ ZUM ABTAUCHEN

☐ FÜR DEN URLAUB

☐ GEGEN SCHLECHTE LAUNE

☐ ZUM MITFIEBERN

☐ ...

Darüber möchte ich mehr erfahren:

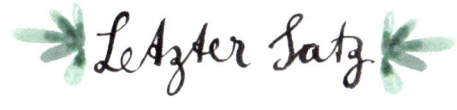

Letzter Satz

Autor/in

TITEL

Bewertung

GESCHMÖKERT

VOM

BIS ZUM

Inhalt in einem Satz

Damit hätte ich nicht gerechnet:

Beste Szene

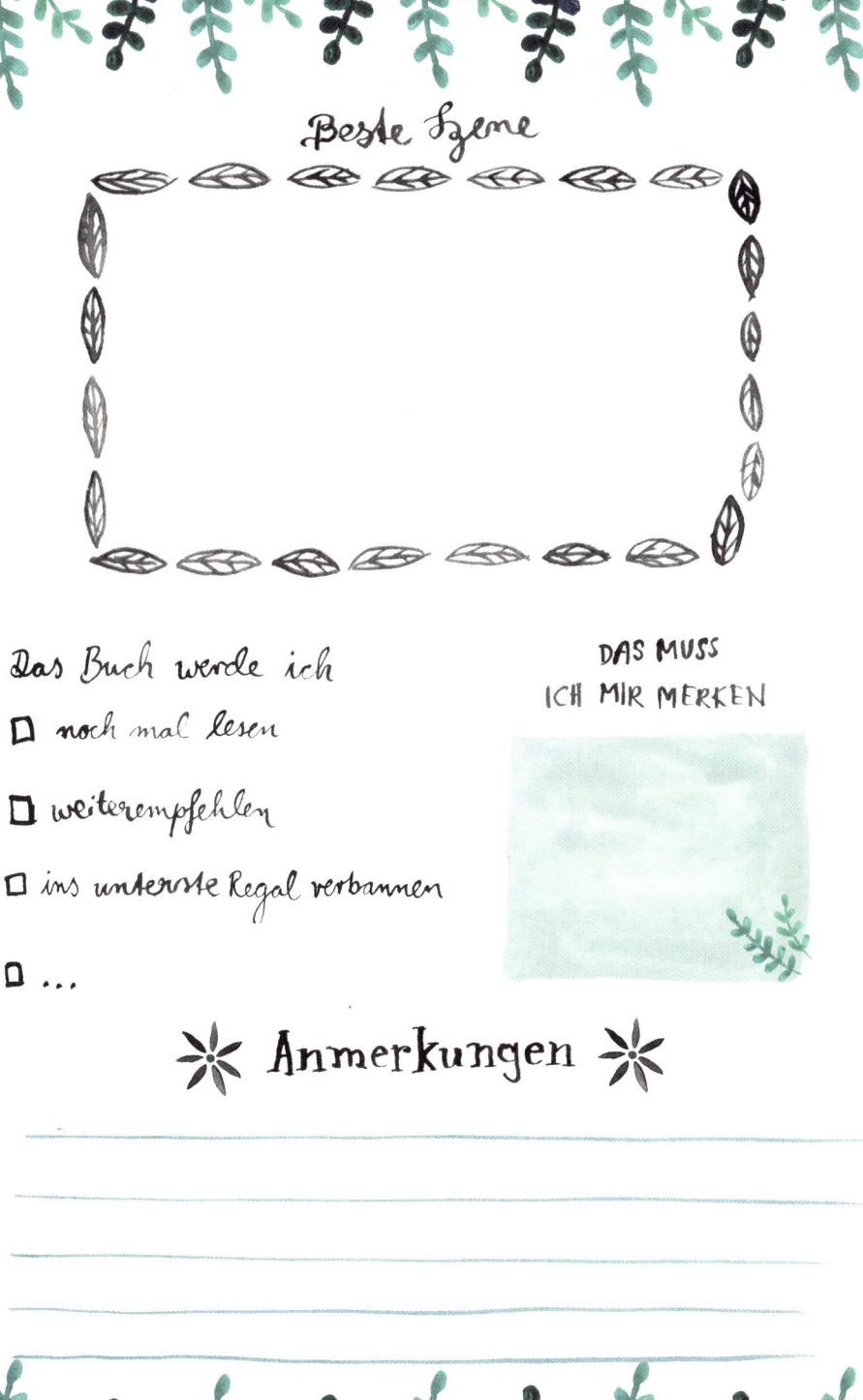

Das Buch werde ich
- ☐ noch mal lesen
- ☐ weiterempfehlen
- ☐ ins unterste Regal verbannen
- ☐ ...

DAS MUSS ICH MIR MERKEN

❊ Anmerkungen ❊

_____
_____
_____
_____
_____

Autor/in

Bewertung

TITEL

GESCHMÖKERT

VOM

BIS ZUM

ERSTER SATZ

INHALT
in 3 Worten

LIEBLINGSFIGUR

So hätte die Geschichte auch ausgehen können:

Ein Buch zum
- ☐ Lachen
- ☐ Weinen
- ☐ Schmachten
- ☐ Gruseln
- ☐ Nachdenken
- ☐ Einschlafen
- ☐ ...

NOTIZEN

Autor/in

Bewertung

TITEL

GESCHMÖKERT

VOM

BIS ZUM

INHALT IN 5 ZEILEN

Schönster Schauplatz

Eindrücke:

Das perfekte Buch

☐ ZUM ABTAUCHEN

☐ FÜR DEN URLAUB

☐ GEGEN SCHLECHTE LAUNE

☐ ZUM MITFIEBERN

☐ ...

Darüber möchte ich mehr erfahren:

Letzter Satz

Autor/in

TITEL

Bewertung

GESCHMÖKERT

VOM

BIS ZUM

Inhalt in einem Satz

Damit hätte ich nicht gerechnet:

Beste Szene

Das Buch werde ich
- ☐ noch mal lesen
- ☐ weiterempfehlen
- ☐ ins unterste Regal verbannen
- ☐ ...

DAS MUSS ICH MIR MERKEN

❋ Anmerkungen ❋

Autor/in

Bewertung

Titel

Geschmökert
vom
bis zum

Inhalt in 5 Zeilen

_____
_____
_____
_____
_____

Schönster Schauplatz

Eindrücke:

Das perfekte Buch

☐ ZUM ABTAUCHEN

☐ FÜR DEN URLAUB

☐ GEGEN SCHLECHTE LAUNE

☐ ZUM MITFIEBERN

☐ ...

Darüber möchte ich mehr erfahren:

Letzter Satz

Autor/in

Bewertung

TITEL

GESCHMÖKERT

VOM

BIS ZUM

ERSTER SATZ

INHALT
in 3 Worten

LIEBLINGSFIGUR

So hätte die Geschichte auch ausgehen können:

Ein Buch zum
- ☐ Lachen
- ☐ Weinen
- ☐ Schmachten
- ☐ Gruseln
- ☐ Nachdenken
- ☐ Einschlafen
- ☐ ...

NOTIZEN

Zauberhafte Zitate

Reading Soundtracks

Zu diesen Songs liest es sich am besten:

Spannung

_____
_____
_____
_____
_____

Romantik

_____
_____
_____
_____
_____

Fantasy

_____
_____
_____
_____
_____

ME, MY shelf & I

Klebe hier ein Foto ein!

SHELFIE

Regal-Check
der Superlative

schönstes Cover

_____

längste Serie

_____

BELIEBTESTE/R Autor/in

_____

TEUERSTES BUCH

_____

ÄLTESTES BUCH

_____

DICKSTES BUCH

_____

Am häufigsten gelesen

_____

BUCHSTABEN
Salat

Hier haben sich acht Autor/innen versteckt – kannst du sie finden?

I	Z	T	B	V	C	O	H	P	C	Y	D	H
U	P	U	L	L	M	A	N	A	Q	J	Q	F
B	S	R	S	L	P	O	L	N	E	M	V	B
K	R	F	F	J	O	O	O	P	W	I	C	L
D	G	U	B	L	I	N	D	G	R	E	N	I
K	Z	N	I	A	Q	U	A	H	B	Y	O	O
Ä	O	K	L	G	R	H	O	Y	Y	Z	1	1
S	Z	E	S	G	R	I	M	M	I	D	E	U
T	M	Y	O	K	V	E	V	J	C	C	N	K
N	H	M	S	G	Q	F	K	Q	N	G	D	V
E	C	P	R	E	U	ß	L	E	R	U	E	E
R	B	B	N	J	L	F	I	W	B	L	F	L
O	B	Y	Q	Q	R	O	W	L	I	N	G	H

Für die Auflösung einmal umblättern!

Bitte nicht STÖREN

Einfach der gestrichelten Linie entlang ausschneiden und an die Türklinke hängen.

Auflösung:
ENDE   ROWLING
FUNKE KÄSTNER
PREUßLER PULLMAN
LINDGREN GRIMM

Schwarze Liste

Diese Bücher habe ich abgebrochen

READING *essentials*

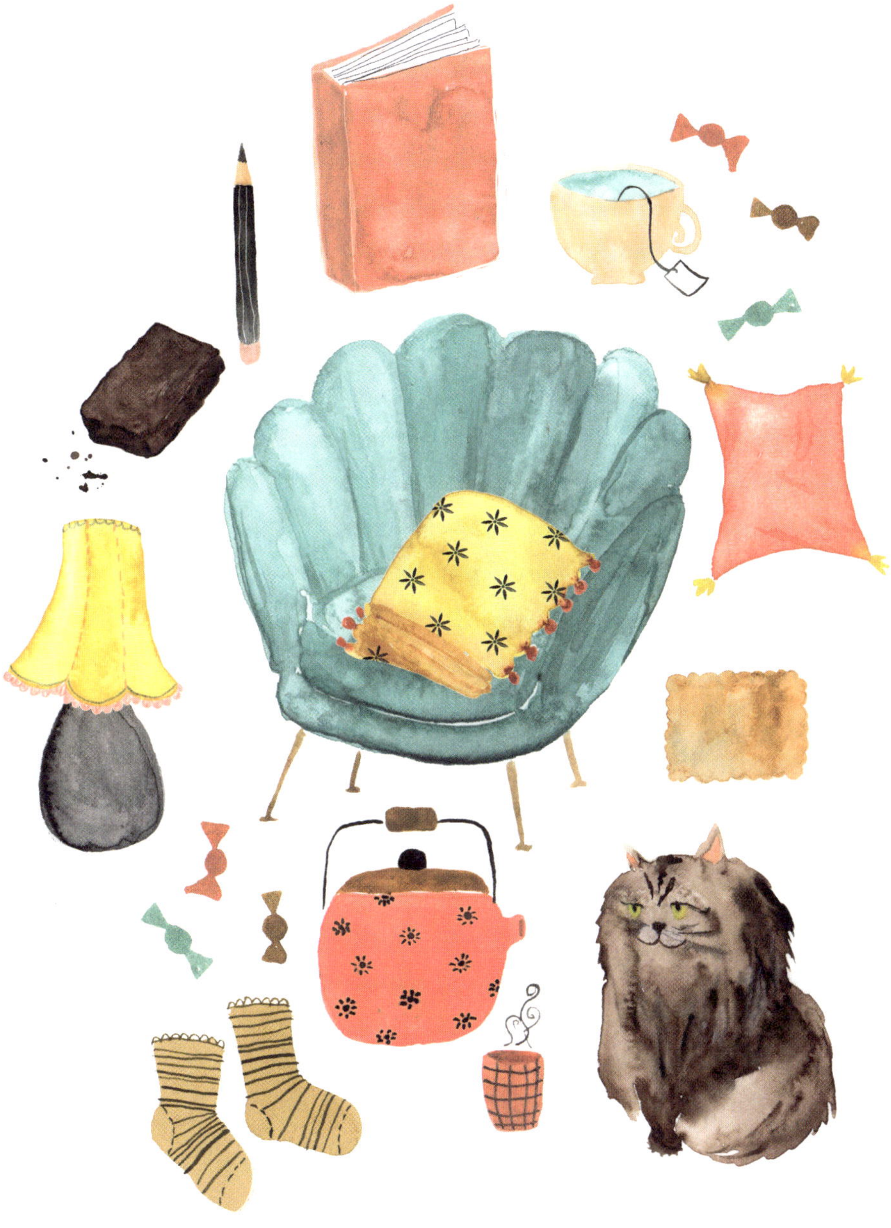

Heiße Schmökerschokolade

Du brauchst für 2 Tassen (à 250 ml):

- 60g Zartbitter-Schokolade
- 40g Vollmilch-Schokolade
- 300ml Milch
- 25g Kakao
- 35g Zucker
- eine Prise Salz

SO EINFACH GEHTS:

1. Schokolade hacken.

2. Milch aufkochen, Kakao, Zucker und Salz einrühren.

3. Schokolade dazugeben und bei mittlerer Hitze schmelzen lassen.

4. Rühren, rühren, rühren.

5. Heiße Schokolade in Tassen füllen und nach Lust und Laune mit Toppings garnieren.

Für das Topping
bunte Streusel
kleine Marshmallows
Sprühsahne

Faux Calligraphy

Kalligrafie, das ist Schriftmalerei mit einer Feder. Die breite und die dünne Seite der Feder sollst du nun imitieren. Du trickst etwas und zauberst dir eine schöne Handschrift mit Bleistift, Kugelschreiber oder Pinsel.

Zuerst übst du langsam mit einem weichen Bleistift ein paar schöne Auf- und Abschwünge. Das lockert dein Handgelenk und du bekommst ein Gefühl für den Stift.

BLEISTIFT

Anhand der Pfeile siehst du die Schreibrichtung. Wenn der Pfeil nach unten zeigt, ziehst du die Linie von oben nach unten, und wenn der Pfeil nach oben zeigt, führst du den Stift von unten nach oben.

Mit diesem Schwung schreibst du nun ruhig *hello*.

BLEISTIFT

Neben jeden Abstrich, also immer wenn der Pfeil nach unten zeigt, zeichnest du einen zweiten Abstrich. Den Raum dazwischen malst du nun aus. So entsteht deine *unechte* Kalligrafie.

PINSEL + TINTE

Diese Technik kannst du mit vielen verschiedenen Stiften und Pinseln ausprobieren.

Aa Bb Cc Dd
Ee Ff Gg Hh
Ii Jj Kk Ll
Mm Nn Oo Pp
Qq Rr Ss Tt
Uu Vv Ww Xx
Yy Zz

hello hello

Du brauchst mehr Platz zum Üben? Weiter hinten im Buch findest du eine Anleitung für ein Upcycling-Notizheft.

BEIM **Lesen** GUTER *Bücher* wächst DIE SEELE *empor.*

Voltaire

Buch
STECK-
BRIEFE

Autor/in

Bewertung

GESCHMÖKERT

VOM

BIS ZUM

ERSTER SATZ

TITEL

INHALT
in 3 Worten

LIEBLINGSFIGUR

So hätte die Geschichte auch ausgehen können:

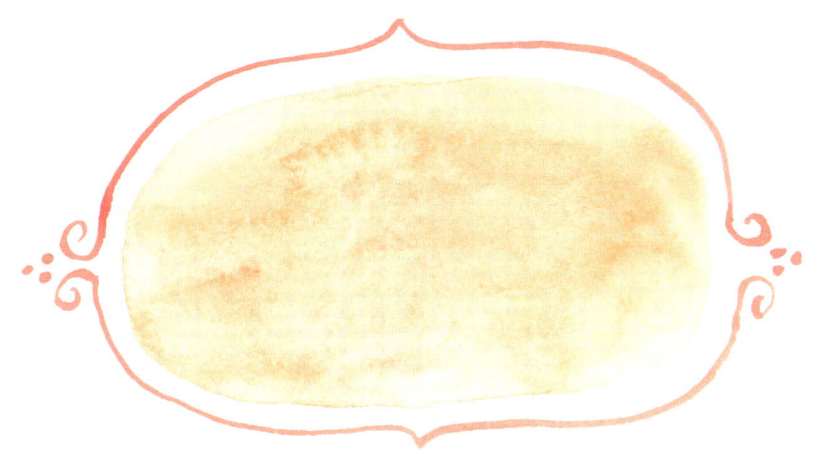

Ein Buch zum
- ☐ Lachen
- ☐ Weinen
- ☐ Schmachten
- ☐ Gruseln
- ☐ Nachdenken
- ☐ Einschlafen
- ☐ …

Notizen

Autor/in

TITEL

Bewertung

GESCHMÖKERT

VOM

BIS ZUM

Inhalt in einem Satz

Damit hätte ich nicht gerechnet:

Beste Szene

_____
_____
_____
_____
_____

Das Buch werde ich

☐ noch mal lesen

☐ weiterempfehlen

☐ ins unterste Regal verbannen

☐ ...

DAS MUSS ICH MIR MERKEN

❋ Anmerkungen ❋

Autor/in

TITEL

Bewertung

GESCHMÖKERT

VOM

BIS ZUM

Inhalt in einem Satz

Damit hätte ich nicht gerechnet:

Beste Szene

Das Buch werde ich

☐ noch mal lesen

☐ weiterempfehlen

☐ ins unterste Regal verbannen

☐ ...

DAS MUSS ICH MIR MERKEN

Notizen

Autor/in

Bewertung

TITEL

GESCHMÖKERT
VOM
BIS ZUM

INHALT IN 5 ZEILEN

Schönster Schauplatz

Darüber möchte ich mehr erfahren:

Eindrücke:

Das perfekte Buch

☐ ZUM ABTAUCHEN

☐ FÜR DEN URLAUB

☐ GEGEN SCHLECHTE LAUNE

☐ ZUM MITFIEBERN

☐ ...

Letzter Satz

Autor/in

Bewertung

TITEL

GESCHMÖKERT

VOM

BIS ZUM

ERSTER SATZ

INHALT
in 3 Worten

LIEBLINGSFIGUR

So hätte die Geschichte auch ausgehen können:

Ein Buch zum
- ☐ Lachen
- ☐ Weinen
- ☐ Schmachten
- ☐ Gruseln
- ☐ Nachdenken
- ☐ Einschlafen
- ☐ …

Notizen

Autor/in

TITEL

Bewertung

Geschmökert

vom

bis zum

Inhalt in einem Satz

Damit hätte ich nicht gerechnet:

Beste Szene

Das Buch werde ich

☐ noch mal lesen

☐ weiterempfehlen

☐ ins unterste Regal verbannen

☐ ...

DAS MUSS ICH MIR MERKEN

✷ Anmerkungen ✷

Autor/in

TITEL

Bewertung

☐ ☐ ☐ ☐ ☐

GESCHMÖKERT

VOM

BIS ZUM

Inhalt in einem Satz

Damit hätte ich nicht gerechnet:

Beste Szene

Das Buch werde ich

☐ noch mal lesen

☐ weiterempfehlen

☐ ins unterste Regal verbannen

☐ ...

DAS MUSS ICH MIR MERKEN

Notizen

Autor/in

Bewertung

TITEL

GESCHMÖKERT
VOM
BIS ZUM

INHALT IN 5 ZEILEN

Schönster Schauplatz

Darüber möchte ich mehr erfahren:

Eindrücke:

Das perfekte Buch

☐ ZUM ABTAUCHEN

☐ FÜR DEN URLAUB

☐ GEGEN SCHLECHTE LAUNE

☐ ZUM MITFIEBERN

☐ ...

Letzter Satz

Autor/in

Bewertung

GESCHMÖKERT

VOM

BIS ZUM

ERSTER SATZ

TITEL

INHALT
in 3 Worten

LIEBLINGSFIGUR

So hätte die Geschichte auch ausgehen können:

Notizen

Ein Buch zum
- ☐ Lachen
- ☐ Weinen
- ☐ Schmachten
- ☐ Gruseln
- ☐ Nachdenken
- ☐ Einschlafen
- ☐ ...

Autor/in

TITEL

Bewertung

GESCHMÖKERT

VOM

BIS ZUM

Inhalt in einem Satz

Damit hätte ich nicht gerechnet:

Beste Szene

_____
_____
_____
_____
_____

Das Buch werde ich

☐ noch mal lesen

☐ weiterempfehlen

☐ ins unterste Regal verbannen

☐ …

DAS MUSS ICH MIR MERKEN

✸ Anmerkungen ✸

Autor/in

TITEL

Bewertung

GESCHMÖKERT

VOM

BIS ZUM

Inhalt in einem Satz

Damit hätte ich nicht gerechnet:

Beste Szene

DAS MUSS ICH MIR MERKEN

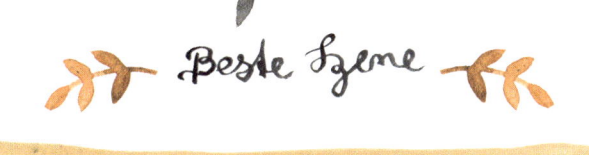

Das Buch werde ich

☐ noch mal lesen

☐ weiterempfehlen

☐ ins unterste Regal verbannen

☐ ...

Notizen

Freude
PHRASEN

"

"

Kaum krümelnde Knusperkekse

Du brauchst für ca. 30 Stück:

- 50 g zerlassene Butter
- 60 g Haferflocken
- 70 g braunen Zucker
- 1 EL Mehl
- 1 TL Backpulver
- ½ TL Zimt
- eine Prise Salz
- 1 Ei

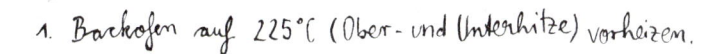

1. Backofen auf 225°C (Ober- und Unterhitze) vorheizen.

2. Alle trockenen Zutaten in einer Rührschüssel vermischen, zerlassene Butter dazugeben und gut rühren.

3. Ei hinzugeben und so lange rühren, bis ein glatter Teig entsteht.

4. Mit einem Teelöffel kleine Teighäufchen auf ein mit Backpapier belegtes Blech geben.
ACHTUNG: Ausreichend Abstand lassen, die Kekse werden sehr groß!

5. Die Kekse im Ofen 5-6 Minuten backen, bis die Ränder hellbraun sind.

6. Die Plätzchen auf dem Backblech abkühlen lassen.

Losknuspern!

Literarische SEHNSUCHTSORTE

Welche Buchwelten würdest du gern mal besuchen?

ENTRADA

Nr. 9400

Ticket to

Nr. 527

15813

Abibliophobie

die panische und allumfassende Angst davor, dass der Lesestoff ausgehen könnte

Bibliotaph/in

jemand, der seine Bücher an geheimen Orten aufbewahrt und nicht verleiht

LIBROCUBICULARIST
jemand, der gern im Bett liest

tsundoku (japanisch)
die Angewohnheit, Bücher zu kaufen, die nicht gelesen werden, sondern einen Platz auf dem ewigen SUB finden

UPCYCLING
Notizheft

DU BRAUCHST:

- verschiedene PAPIERE
  (kariert, liniert, farbig,
  Notenblätter, alte Atlanten...
  was du magst und dahast)

- dickeres PAPIER/KARTON für den
  UMSCHLAG

- NADEL und FADEN

- etwas zum LÖCHERSTECHEN
  (z.B. eine AHLE oder eine
  dicke NADEL)

- CUTTER und LINEAL

- falte alle Seiten und den Umschlag in der Mitte

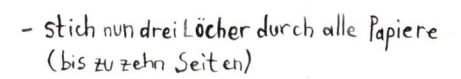

- stich nun drei Löcher durch alle Papiere (bis zu zehn Seiten)

- nimm nun NADEL und FADEN (keinen Knoten machen) und beginne am mittleren Loch 1, von innen nach außen

- ziehe den FADEN nicht ganz durch, dieses Stück verknotest du später

- nun geht die NADEL von hinten durch LOCH 2, dann durch LOCH 3 und von hinten wieder durch LOCH 1

- diese ENDEN verknotest du nun und schneidest den Rest FADEN ab

- die drei offenen Seiten kannst du mit CUTTER und LINEAL abschneiden, um gerade Kanten zu bekommen

SCHREIB DEINE EIGENE
KURZGESCHICHTE

Schnapp dir einen ersten Satz und leg los!

Ich wusste gleich, dass es keine gute Idee war.

Es war halb drei Uhr morgens.

„Oh. Mein. Gott", dachte ich und klappte den Laptop zu.

Irgendwo hatte ich diesen Typen schon mal gesehen.

Panik stieg in mir auf, während ich nach dem Lichtschalter tastete.

Keiner ist so verrückt, dass er nicht einen noch Verrückteren fände, der ihn versteht.

Heinrich Heine

Buch Steckbriefe

Autor/in

Bewertung

TITEL

GESCHMÖKERT
VOM
BIS ZUM

INHALT IN 5 ZEILEN

Schönster Schauplatz

Eindrücke:

Darüber möchte ich mehr erfahren:

Das perfekte Buch

☐ ZUM ABTAUCHEN

☐ FÜR DEN URLAUB

☐ GEGEN SCHLECHTE LAUNE

☐ ZUM MITFIEBERN

☐ ...

Letzter Satz

Autor/in

Bewertung

TITEL

GESCHMÖKERT

VOM

BIS ZUM

ERSTER SATZ

INHALT
in 3 Worten

LIEBLINGSFIGUR

So hätte die Geschichte auch ausgehen können:

Ein Buch zum
- ☐ Lachen
- ☐ Weinen
- ☐ Schmachten
- ☐ Gruseln
- ☐ Nachdenken
- ☐ Einschlafen
- ☐ ...

NOTIZEN

Autor/in

Bewertung

TITEL

GESCHMÖKERT

VOM

BIS ZUM

Damit hätte ich nicht gerechnet:

INHALT
in 3 Worten

Schönster Schauplatz

Eindrücke:

Notizen

Das perfekte Buch

☐ ZUM ABTAUCHEN

☐ FÜR DEN URLAUB

☐ GEGEN SCHLECHTE LAUNE

☐ ZUM MITFIEBERN

☐ ...

Autor/in

TITEL

Bewertung

GESCHMÖKERT

VOM

BIS ZUM

Inhalt in einem Satz

Damit hätte ich nicht gerechnet:

Beste Szene

_____
_____
_____
_____
_____

Das Buch werde ich

☐ noch mal lesen

☐ weiterempfehlen

☐ ins unterste Regal verbannen

☐ ...

DAS MUSS ICH MIR MERKEN

❋ Anmerkungen ❋

Autor/in

TITEL

Bewertung

GESCHMÖKERT

VOM

BIS ZUM

INHALT
in 3 Worten

LIEBLINGSFIGUR

ERSTER SATZ

So hätte die Geschichte auch ausgehen können:

NOTIZEN

Ein Buch zum
- ☐ Lachen
- ☐ Weinen
- ☐ Schmachten
- ☐ Gruseln
- ☐ Nachdenken
- ☐ Einschlafen
- ☐ ...

Autor/in

Bewertung

TITEL

GESCHMÖKERT

VOM

BIS ZUM

Damit hätte ich nicht gerechnet:

INHALT
in 3 Worten

Schönster Schauplatz

DAS MUSS ICH MIR MERKEN

Notizen

Das perfekte Buch

☐ ZUM ABTAUCHEN

☐ FÜR DEN URLAUB

☐ GEGEN SCHLECHTE LAUNE

☐ ZUM MITFIEBERN

☐ ...

Autor/in

TITEL

Bewertung

GESCHMÖKERT

VOM

BIS ZUM

Inhalt in einem Satz

Damit hätte ich nicht gerechnet:

⋙ Beste Szene ⋘

_____
_____
_____
_____
_____

DAS MUSS ICH MIR MERKEN

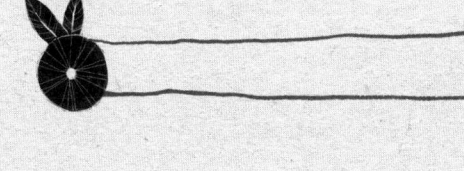

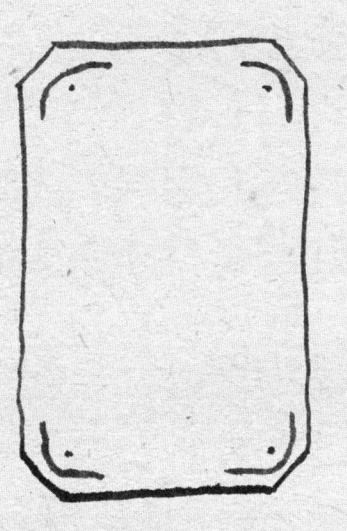

Das Buch werde ich

☐ noch mal lesen

☐ weiterempfehlen

☐ ins unterste Regal verbannen

☐ …

✻ Anmerkungen ✻

Autor/in

Bewertung

TITEL

GESCHMÖKERT
VOM
BIS ZUM

INHALT IN 5 ZEILEN

_____
_____
_____
_____

Schönster Schauplatz

Eindrücke:

Darüber möchte ich mehr erfahren:

Das perfekte Buch

☐ ZUM ABTAUCHEN

☐ FÜR DEN URLAUB

☐ GEGEN SCHLECHTE LAUNE

☐ ZUM MITFIEBERN

☐ ...

Letzter Satz

Autor/in

Bewertung

TITEL

GESCHMÖKERT
VOM
BIS ZUM

ERSTER SATZ

INHALT
in 3 Worten

LIEBLINGSFIGUR

So hätte die Geschichte auch ausgehen können:

Ein Buch zum
- ☐ Lachen
- ☐ Weinen
- ☐ Schmachten
- ☐ Gruseln
- ☐ Nachdenken
- ☐ Einschlafen
- ☐ ...

NOTIZEN

Autor/in

Bewertung

TITEL

GESCHMÖKERT

VOM

BIS ZUM

INHALT
in 3 Worten

Damit hätte ich nicht gerechnet:

Schönster Schauplatz

So hätte die Geschichte auch ausgehen können:

Notizen

Das perfekte Buch

☐ ZUM ABTAUCHEN

☐ FÜR DEN URLAUB

☐ GEGEN SCHLECHTE LAUNE

☐ ZUM MITFIEBERN

☐ ...

Autor/in

TITEL

Bewertung

☐ ☐ ☐ ☐ ☐

GESCHMÖKERT

VOM

BIS ZUM

LIEBLINGSFIGUR

Inhalt in einem Satz
_____
_____
_____
_____

Beste Szene

_____

_____

_____

_____

_____

Das Buch werde ich

☐ noch mal lesen

☐ weiterempfehlen

☐ ins unterste Regal verbannen

☐ ...

DAS MUSS ICH MIR MERKEN

❋ Anmerkungen ❋

WONNE WORTE

ERFRISCHENDE
Leselimo

Du brauchst für ca. einen Liter:

2 BIO-ZITRONEN
1-2 EL BRAUNEN ZUCKER
1 BUND MINZE
1 LITER WASSER
(Mineral- oder Leitungswasser)

1. Eine Zitrone auspressen, Minze waschen.

2. Zitronensaft, Zucker und Minze in eine Karaffe oder Flasche geben, mit Wasser auffüllen.

3. Ca. 60 Minuten kalt stellen.

4. Zweite Zitrone in Scheiben schneiden, auf Gläser verteilen, kalte Limo aufgießen und genießen!

WENN das Leben dir Zitronen gibt, mach Limonade daraus!

LESE YOGA

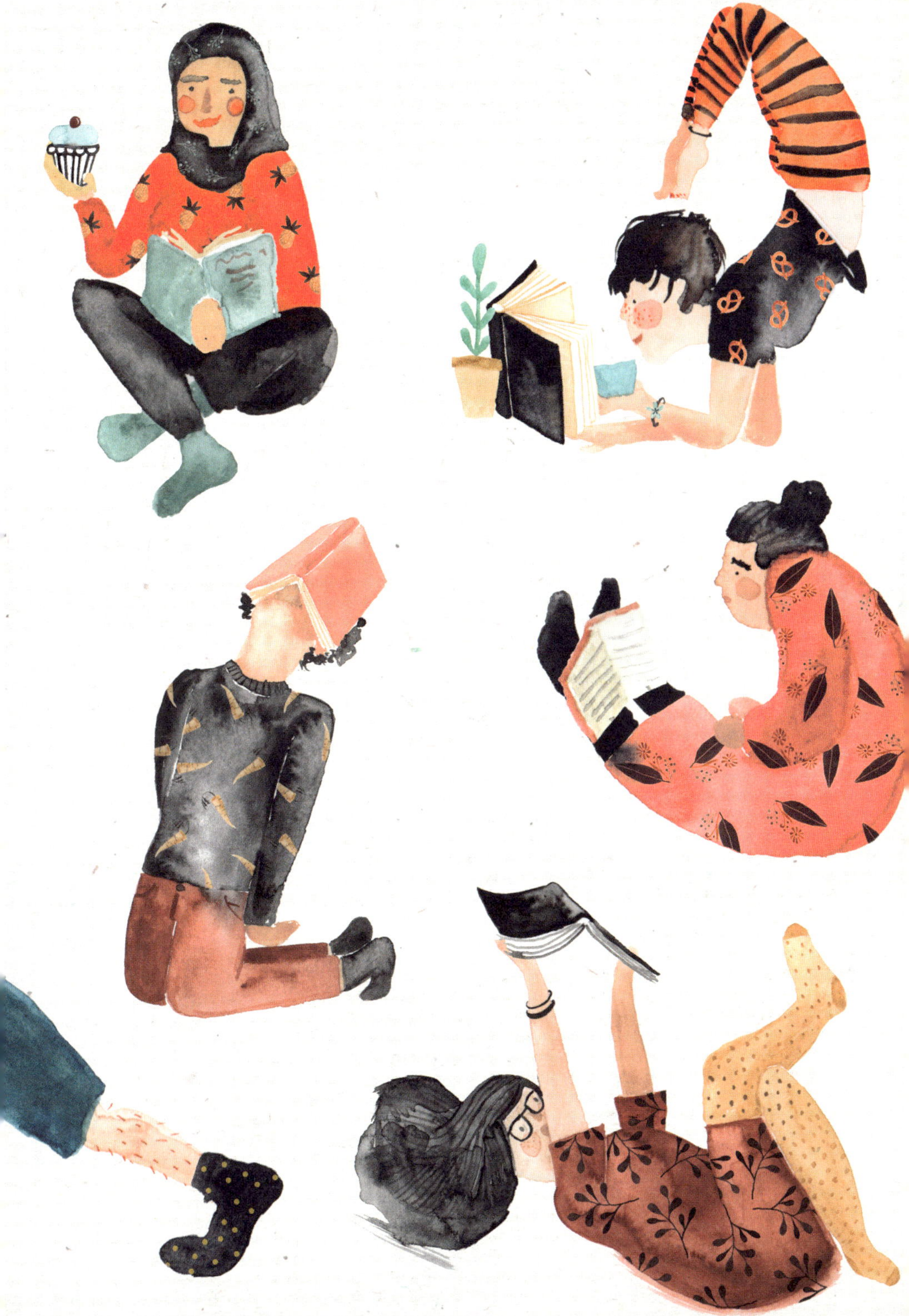

Vom Kopfkino auf die Leinwand

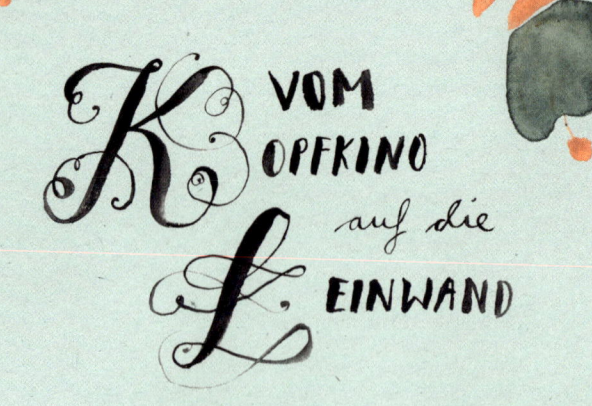

Wie schneiden die Verfilmungen im Vergleich zu deinen Lieblingsbüchern ab?

☐☐☐☐☐ ———————————————————— 🍿🍿🍿🍿🍿

☐☐☐☐☐ ———————————————————— 🍿🍿🍿🍿🍿

☐☐☐☐☐ ———————————————————— 🍿🍿🍿🍿🍿

☐☐☐☐☐ ———————————————————— 🍿🍿🍿🍿🍿

☐☐☐☐☐ ———————————————————— 🍿🍿🍿🍿🍿

☐☐☐☐☐ ———————————————————— 🍿🍿🍿🍿🍿

☐☐☐☐☐ ———————————————————— 🍿🍿🍿🍿🍿

☐☐☐☐☐ ———————————————————— 🍿🍿🍿🍿🍿

Worte sind Luft.
Aber die Luft wird
zum Wind und Wind macht
die Schiffe segeln.

GOTTHOLD EPHRAIM LESSING

sei frech & wild & wunderbar

A. Lindgren

DIY Lesezeichen

✂ ZUM AUSSCHNEIDEN ✂

So geht's:

Lesezeichen ausschneiden,
an der gestrichelten Linie nach innen falten,
an der Klebelasche zusammenkleben,
an die Buchecke stecken. Fertig!

kleiner Tipp:
Seite vorher kopieren!

Nichts ist jemals **REAL**, *solange du es nicht selbst erlebt hast.*

John Keats

PAPIERPERLEN

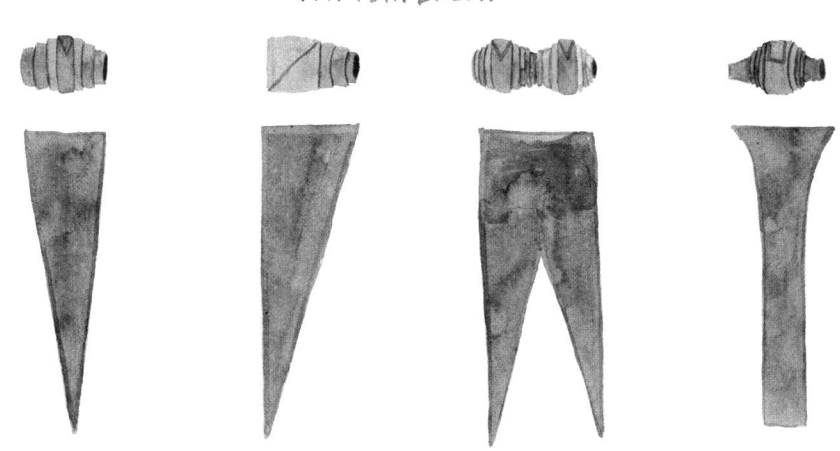

Ausschneiden, Kleber drauf, auf einen Zahnstocher rollen, auffädeln, freuen!

Lesen ist die beste Medizin

TROSTBÜCHER für alle Notfälle

Kranksein

Fernweh

miese Laune

schlaflose Nächte

Herzschmerz

akute Langeweile

LESE-Challenge

Schaffst du es, innerhalb eines Jahres alle Bücher abzuhaken?

- ☐ ein Buch mit einem roten Cover
- ☐ ein Buch, das in einem Hotel spielt
- ☐ EIN BUCH AUS DEINEM GEBURTSJAHR
- ☐ ein Buch, das auf einer wahren Geschichte basiert
- ☐ **ein Sachbuch**
- ☐ ein Buch in einer anderen Sprache
- ☐ EIN BUCH MIT MEHR ALS 500 SEITEN
- ☐ ein Buch von der **SCHWARZEN LISTE**
- ☐ ein geliehenes Buch
- ☐ ein Buch aus deiner Kindheit
- ☐ EIN BUCH, DAS IN DER ZUKUNFT SPIELT
- ☐ ein Bilderbuch
- ☐ ein Buch mit einer weiblichen Hauptfigur
- ☐ EIN BUCH, DAS VERFILMT WURDE

Beginn der Challenge: **Beendet am:**

_____   _____

- [ ] ein Buch, das du nur wegen des **COVERS** gekauft hast
- [ ] eine Biografie
- [ ] EIN BUCH, DAS IN DIESEM JAHR VERÖFFENTLICHT WURDE
- [ ] ein Buch, auf dessen Cover eine Frucht zu sehen ist
- [ ] ein preisgekröntes Buch
- [ ] EIN BUCH, DAS DIR EMPFOHLEN WURDE
- [ ] ein Buch, das dir Angst macht
- [ ] ein Buch von mehreren Autor:innen
- [ ] EIN E-BOOK
- [ ] **ein Buch, das du auf einem Flohmarkt gekauft hast**
- [ ] ein Buch, das im Winter spielt
- [ ] ein Lieblingsbuch, das du schon mal gelesen hast
- [ ] **EIN DEBÜT**
- [ ] ein Buch, in dem Musik eine Rolle spielt
- [ ] ein Buch, das so heißt wie seine Hauptfigur
- [ ] **eine Graphic Novel**
- [ ] ein Buch, das in Asien spielt
- [ ] ein Buch, das mehr als 100 Jahre alt ist

Wenn du gute
Gedanken hast,
werden sie wie
Sonnenstrahlen
aus deinem Gesicht
scheinen, und du
wirst immer
bezaubernd
aussehen.

ROALD DAHL

Buch STECK- BRIEFE

Autor/in

Bewertung

TITEL

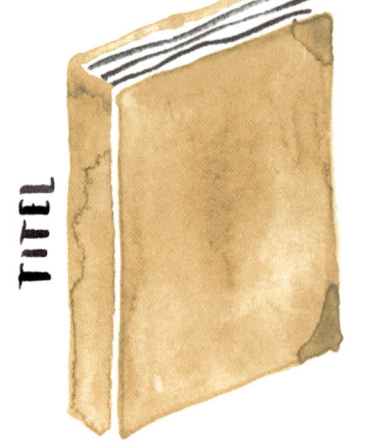

GESCHMÖKERT VOM BIS ZUM

INHALT IN 5 ZEILEN

✻ Schönster Schauplatz ✻

Darüber möchte ich mehr erfahren:

Eindrücke:

Das perfekte Buch

☐ ZUM ABTAUCHEN

☐ FÜR DEN URLAUB

☐ GEGEN SCHLECHTE LAUNE

☐ ZUM MITFIEBERN

☐ …

Letzter Satz

Autor/in

Bewertung

TITEL

GESCHMÖKERT

VOM

BIS ZUM

ERSTER SATZ

INHALT
in 3 Worten

LIEBLINGSFIGUR

Beste Szene

Ein Buch zum
- ☐ Lachen
- ☐ Weinen
- ☐ Schmachten
- ☐ Gruseln
- ☐ Nachdenken
- ☐ Einschlafen
- ☐ ...

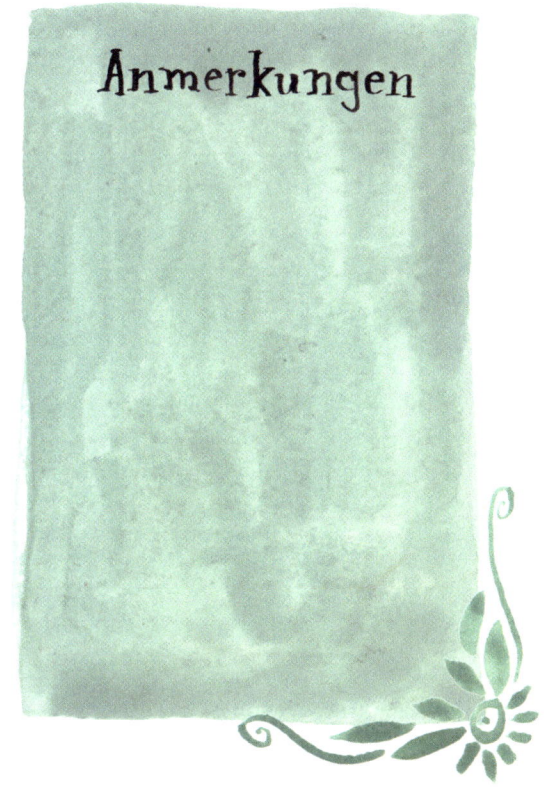

Anmerkungen

Autor/in

Titel

Bewertung
☐ ☐ ☐ ☐ ☐

GESCHMÖKERT VOM

BIS ZUM

INHALT in 3 Worten

LIEBLINGSFIGUR

ERSTER SATZ

NOTIZEN

Das Buch werde ich

☐ noch mal lesen

☐ weiterempfehlen

☐ ins unterste Regal verbannen

☐ ...

So hätte die Geschichte auch ausgehen können:

Autor/in

Bewertung

☐ ☐ ☐ ☐ ☐

GESCHMÖKERT

VOM

BIS ZUM

TITEL

INHALT IN 5 ZEILEN

_____
_____
_____
_____
_____

✻ Schönster Schauplatz ✻

Darüber möchte ich
mehr erfahren:

Eindrücke:

Das perfekte Buch

☐ ZUM ABTAUCHEN

☐ FÜR DEN URLAUB

☐ GEGEN SCHLECHTE LAUNE

☐ ZUM MITFIEBERN

☐ ...

❋ Letzter Satz ❋

_____

_____

_____

_____

Autor/in

Bewertung

GESCHMÖKERT

VOM

BIS ZUM

TITEL

INHALT
in 3 Worten

Damit hätte ich nicht gerechnet:

LIEBLINGSFIGUR

So hätte die Geschichte auch ausgehen können:

Ein Buch zum
- ☐ Lachen
- ☐ Weinen
- ☐ Schmachten
- ☐ Gruseln
- ☐ Nachdenken
- ☐ Einschlafen
- ☐ ...

DAS MUSS ICH MIR MERKEN

Autor/in

Bewertung

GESCHMÖKERT

VOM

BIS ZUM

TITEL

ERSTER SATZ

INHALT
in 3 Worten

LIEBLINGSFIGUR

Beste Szene

Ein Buch zum
- ☐ Lachen
- ☐ Weinen
- ☐ Schmachten
- ☐ Gruseln
- ☐ Nachdenken
- ☐ Einschlafen
- ☐ ...

NOTIZEN

Autor/in

Bewertung ☐ ☐ ☐ ☐ ☐

TITEL

GESCHMÖKERT VOM BIS ZUM

INHALT IN 5 ZEILEN

_____
_____
_____
_____

❋ Schönster Schauplatz ❋

Darüber möchte ich mehr erfahren:

Eindrücke:

Das Buch werde ich

☐ noch mal lesen ☐ ins unterste Regal verbannen

☐ weiterempfehlen ☐ ...

Letzter Satz

Autor/in

Bewertung

GESCHMÖKERT

VOM

BIS ZUM

TITEL

ERSTER SATZ

Damit hätte ich nicht gerechnet:

LIEBLINGSFIGUR

So hätte die Geschichte auch ausgehen können:

Ein Buch zum
- ☐ Lachen
- ☐ Weinen
- ☐ Schmachten
- ☐ Gruseln
- ☐ Nachdenken
- ☐ Einschlafen
- ☐ ...

Letzter Satz

Autor/in

TITEL

Bewertung
☐ ☐ ☐ ☐ ☐

GESCHMÖKERT

VOM

BIS ZUM

INHALT
in 3 Worten

LIEBLINGSFIGUR

Damit hätte ich nicht gerechnet:

Beste Szene

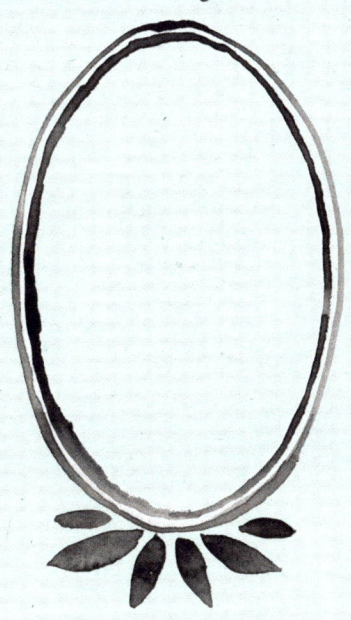

Ein Buch zum
- ☐ Lachen
- ☐ Weinen
- ☐ Schmachten
- ☐ Gruseln
- ☐ Nachdenken
- ☐ Einschlafen
- ☐ ...

Anmerkungen

Autor/in

Titel

Bewertung
☐ ☐ ☐ ☐ ☐

GESCHMÖKERT

VOM

BIS ZUM

INHALT IN 5 ZEILEN

✻ Schönster Schauplatz ✻

Darüber möchte ich
mehr erfahren:

Eindrücke:

Das perfekte Buch

☐ ZUM ABTAUCHEN

☐ FÜR DEN URLAUB

☐ GEGEN SCHLECHTE LAUNE

☐ ZUM MITFIEBERN

☐ ...

Letzter Satz

_____

_____

_____

_____

Autor/in

Bewertung

TITEL

GESCHMÖKERT

VOM

BIS ZUM

ERSTER SATZ

INHALT
in 3 Worten

LIEBLINGSFIGUR

Beste Szene

Das Buch werde ich

☐ noch mal lesen ☐ ins unterste Regal verbannen

☐ weiterempfehlen ☐ ...

NOTIZEN

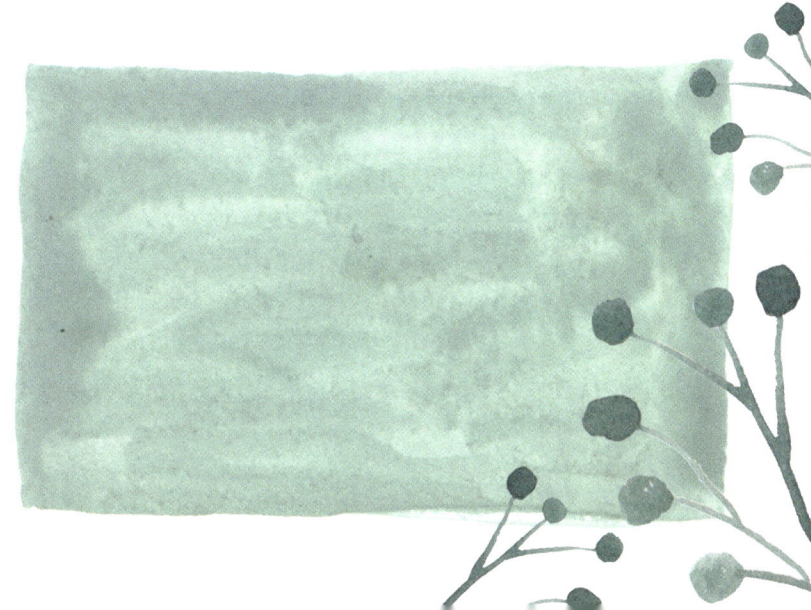

SUPER
Sätze

,,

"

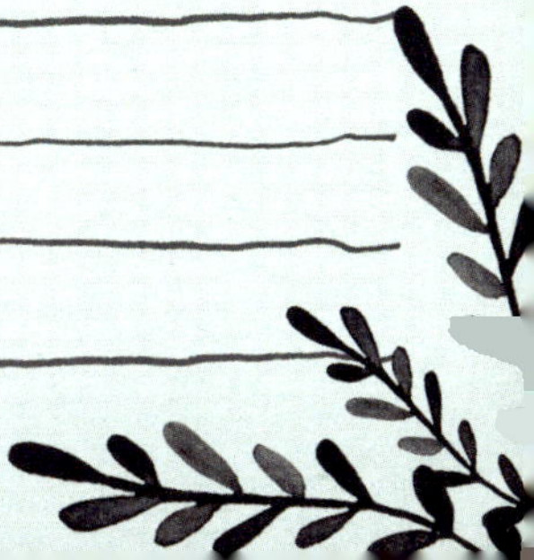

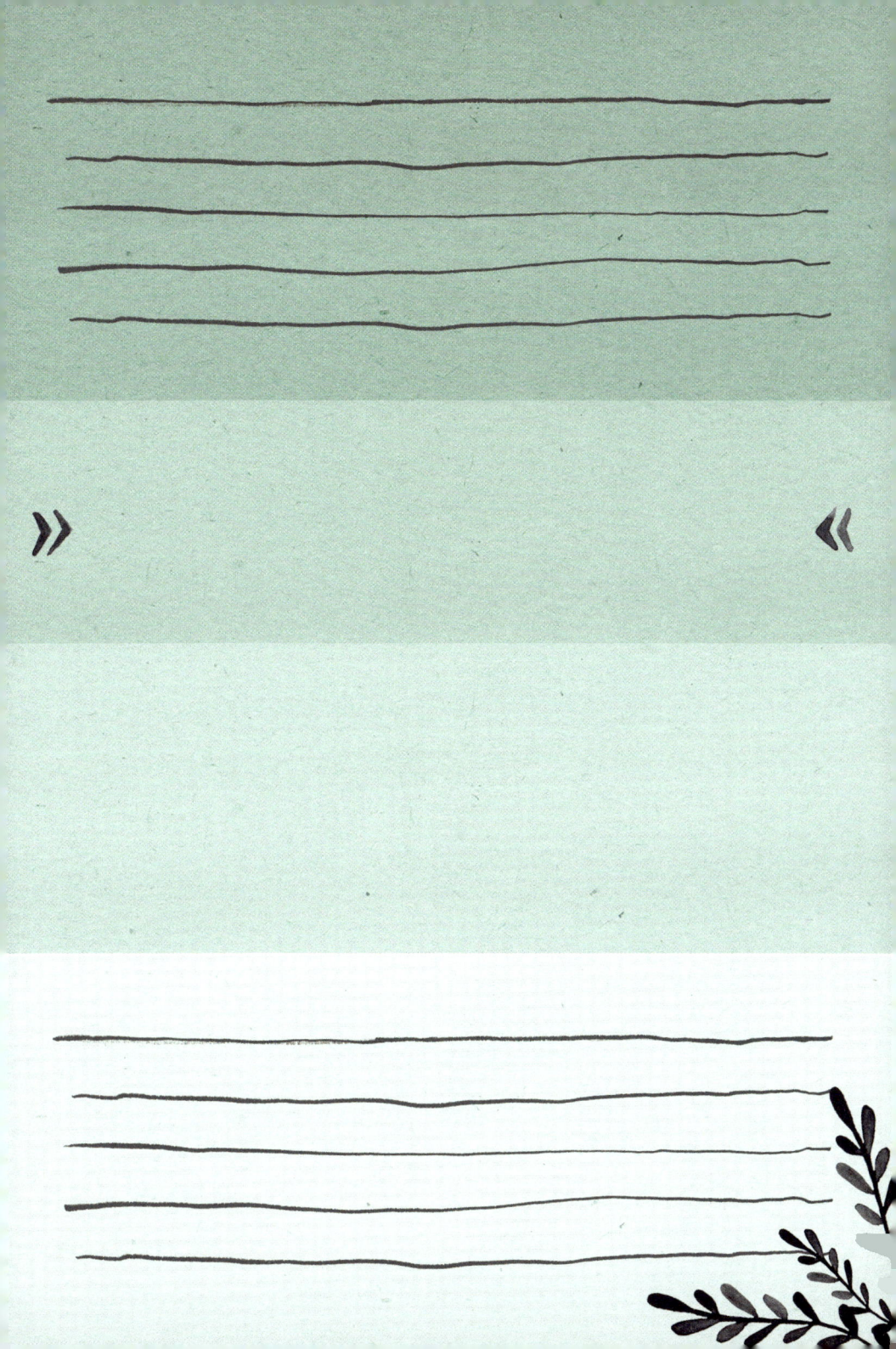

MEINE LESESTATISTIK

BÜCHER

20

15

10

5

Jan Feb Mär Apr Mai

Jahr: _____   Jahr: _____

Jul   Aug   Sep   Okt   Nov   Dez

Wiedersehen...

Titel	geliehen von	am	zurück-gegeben

… macht Freude

Titel	verliehen an	am	zurück-gegeben

Unsere Bücher gibt es überall im Buchhandel
und auf carlsen.de.

© 2019 Carlsen Verlag GmbH, Hamburg

Völckersstraße 14-20, 22765 Hamburg

Gesamtgestaltung, Illustrationen und Satz: Jenny Boidol

Nach einer Idee von Rebecca Wiltsch

Herstellung: Gunta Lauck

Druck und Bindung: Livonia print, Riga

ISBN: 978-3-551-55764-3